Hydroponique pour les débutants :

Le guide complet du jardinage hydroponique et aquaponique

Jean Martin

INTRODUCTION

CHAPITRE 1

A propos de l'hydroponie

CHAPITRE 2

Les différents systèmes hydroponiques

CHAPITRE 3

Différents milieux de culture

CHAPITRE 4

Nutrient Solutions

CHAPITRE 5

Plantes à cultiver

CHAPITRE 6

Ravageurs et maladies

CONCLUSION

Copyright Tous droits réservés.

Ce livre électronique est fourni dans le seul but de fournir des informations pertinentes sur un sujet spécifique pour lequel tous les efforts raisonnables ont été faits pour s'assurer qu'il est à la fois précis et raisonnable. Néanmoins, en achetant ce livre électronique, vous acceptez le fait que l'auteur, ainsi que l'éditeur, ne sont en aucun cas des experts sur les sujets contenus dans ce livre, quelles que soient les affirmations qui peuvent y être faites. En tant que tel, toutes les suggestions ou recommandations qui sont faites dans ce livre sont faites purement pour le divertissement. Il est recommandé de toujours consulter un professionnel avant d'appliquer les conseils ou les techniques qui y sont présentés.

Il s'agit d'une déclaration juridiquement contraignante qui est considérée à la fois comme valide et équitable par le Comité de l'Association des éditeurs et l'American Bar Association et qui doit être considérée comme juridiquement contraignante aux États-Unis.

La reproduction, la transmission et la duplication de tout le contenu de ce site, y compris toute information spécifique ou étendue, seront considérées comme un acte illégal, quelle que soit la forme finale de l'information. Cela inclut les versions copiées de l'œuvre, qu'elles soient physiques, numériques ou audio, à moins que l'éditeur n'ait donné son consentement exprès au préalable. Tous droits supplémentaires réservés.

En outre, les informations qui se trouvent dans les pages décrites ci-après sont considérées comme exactes et véridiques lorsqu'il s'agit de relater des faits. À ce titre, toute utilisation, correcte ou incorrecte, des informations fournies dégagera l'éditeur de toute responsabilité quant aux actions entreprises en dehors de son champ d'action direct. Quoi qu'il en soit, il n'existe aucun scénario dans lequel l'auteur original ou l'éditeur peuvent être considérés comme responsables de quelque manière que ce soit des dommages ou des difficultés qui peuvent résulter de l'une des informations présentées ici.

En outre, les informations contenues dans les pages suivantes ne sont destinées qu'à des fins informatives et doivent donc être considérées comme universelles. Comme il sied à leur nature, elles sont présentées sans garantie quant à leur validité prolongée ou leur qualité intermédiaire. Les marques commerciales mentionnées le sont sans autorisation écrite et ne peuvent en aucun cas être considérées comme une approbation du détenteur de la marque.

INTRODUCTION

L'hydroponie a le vent en poupe, plaçant sa valorisation mondiale à environ 21,4 milliards de dollars en 2015. De grands développements mondiaux se profilent à l'horizon, ce qui devrait intensifier le développement de cette forme d'agriculture.

Ces réformes seront nécessaires pour répondre à l'augmentation rapide de la population mondiale. Nous utilisons déjà une grande partie des terres disponibles pour produire des cultures, et de nouvelles méthodes agricoles doivent être créées pour augmenter les rendements ou rendre d'autres terres viables pour la production de cultures. L'agriculture urbaine verticale est une approche agricole prospective qui résout le problème de l'insuffisance des terres, et fonctionne très bien avec l'hydroponie.

La culture hydroponique consiste à faire pousser des plantes sans terre en leur fournissant une solution constante de nutriments. Bien que cette approche reste assez peu connue en dehors d'un petit secteur de la communauté horticole, elle existe en fait depuis longtemps. C'est un dispositif qui a été couramment utilisé dans les jardins suspendus de Babylone, et qui a été largement étudié au cours des quelques centaines d'années passées par les scientifiques et les horticulteurs.

Les producteurs d'aliments commerciaux ont de nombreuses raisons importantes d'utiliser cette approche, mais le jardinier domestique, capable de produire un rendement élevé dans un espace limité, l'utilise aussi de plus en plus souvent aujourd'hui. Bien qu'il s'agisse principalement d'un moyen de produire des cultures pour la table, c'est également un outil qui peut être utilisé pour la croissance des plantes ornementales.

Toutes les plantes ont besoin de nutriments provenant du sol, de la lumière et dissous pour se développer. L'hydroponie permet de délivrer une quantité très spécifiquement régulée de nutriments, dissous dans l'eau, directement au système racinaire selon les besoins de la plante. Comme le système racinaire n'a plus besoin de s'étirer autant pour obtenir les nutriments, cela permet au cultivateur de planter ses cultures à des densités beaucoup plus élevées, et c'est une autre raison pour laquelle les rendements des cultures hydroponiques sont beaucoup plus élevés que les rendements typiques du sol.

Il existe une variété de variantes sur le thème de l'hydroponie, et les jardiniers disposent de nombreuses options. Bien que certaines de ces approches puissent sembler trop complexes pour le jardinier amateur, je vous invite à continuer car, dans de nombreuses situations, ce qui peut sembler difficile à reproduire au départ est en fait étonnamment facile et l'augmentation des rendements sera stupéfiante.

CHAPITRE 1

A propos de l'hydroponie

Des formes primitives d'hydroponie sont pratiquées depuis des milliers d'années par différentes sociétés. Le terme hydroponique lui-même dérive de la fusion de deux mots du grec ancien, hydro pour eau et ponic pour travail. En d'autres termes, lorsqu'il s'est lancé dans l'agriculture, l'eau était censée faire le travail qui avait produit un tel labeur pour l'humanité.

Différentes formes de cette culture ont été pratiquées au Cachemire pendant des siècles, et un groupe, les Aztèques d'Amérique, a développé une forme de jardin flottant. Repoussés par d'autres groupes plus hostiles dans les zones marécageuses du lac Tenochtitlan, dans ce qui est aujourd'hui le Mexique, ces peuples nomades ont été contraints de mettre au point un système agricole viable pour survivre. Ils ont créé un réseau de radeaux flottants tissés à partir de roseaux qui se sont progressivement transformés en un archipel d'îles flottantes. Ces îles regorgeaient d'herbes, de fleurs et même de fruits. L'historien William Prescott a consigné la conquête de l'empire aztèque par les Espagnols colonisateurs et a identifié les jardins flottants comme des "îles de verdure, regorgeant de fleurs et de légumes et roulant sur l'eau comme des radeaux". Certains historiens pensent que l'hydroponie a été un ingrédient important dans le développement des célèbres jardins suspendus de Babylone, qui était l'un des dix-sept. Si c'est le cas, alors il s'agit potentiellement du premier exemple de l'hydroponie utilisée comme une forme d'agriculture.

Les premières études scientifiques ont eu lieu à une époque plus moderne, dans les années 1600, lorsque le Belge Jan van Helmont a démontré que l'on pouvait cultiver un saule dans un tube contenant 200 livres de terre sèche et alimenté uniquement par de l'eau de pluie. La pousse du saule avait atteint un poids de 160 livres après cinq ans, alors que le sol n'avait diminué que de deux onces en poids. Il en conclut que les plantes obtiennent de l'eau ce dont elles ont besoin pour leur production. Bien que ses observations soient partiellement correctes, les besoins en dioxyde de carbone et en oxygène, qui sont également essentiels à la croissance des plantes, n'ont pas été pris en compte par les premières démonstrations.

John Woodwards a poussé la méthode plus loin en 1699 en produisant des plantes dans de l'eau contenant différentes quantités de terre contaminée. Les plantes qui avaient les plus fortes concentrations de terre ont poussé le plus vite. Dans cette première version de la solution hydroponique artificielle, Woodwards s'est rendu compte que le sol contenait probablement certains nutriments essentiels à la croissance des plantes, mais il n'a pas été en mesure d'identifier ces nutriments, dont la chimie restait à découvrir.

Dans les décennies qui ont suivi, la recherche a commencé à prendre de l'ampleur et les scientifiques ont pu prouver que les plantes consommaient de l'eau à partir de leurs racines, et que celle-ci progressait ensuite dans leurs structures pour être libérée par les pores des feuilles. Nous avons également remarqué que les racines extraient de l'azote et de l'oxygène et que les feuilles prélèvent également du dioxyde de carbone dans le sol.

En 1851, le chimiste français Jean Baptist Boussingault a commencé à expérimenter des milieux ascendants inertes et de l'eau avec différentes combinaisons de matériaux à base de terre. En 1860, le professeur Julius von Sachs a publié la première solution nutritive dans laquelle on peut faire pousser des plantes. Différentes solutions ont continué à être développées, mais toutes les expériences étaient alors axées sur le travail en laboratoire. Ce n'est que dans les années 1920 que le docteur William Gericke a commencé à étendre les travaux de laboratoire à la production de cultures agricoles. Il a justifié l'utilisation du terme hydroponique dans le processus et a jeté les bases que nous connaissons pour toutes les formes d'hydroponie moderne. Bien entendu, les développements ont persisté et il s'agit encore aujourd'hui d'une science émergente, mais nous avons désormais une bien meilleure maîtrise des méthodes de culture des plantes sans utiliser de terre.

L'utilisation de cette approche pour la culture des plantes présente plusieurs avantages majeurs. Nous éliminons d'emblée les parasites et les maladies véhiculés par le sol. Un plus grand contrôle sur les plantes rend l'échelle et le rendement plus prévisibles. Comme l'eau est réutilisée, les gaspillages d'eau sont massivement réduits. Les cultures mûrissent plus rapidement, ce qui permet souvent d'obtenir deux récoltes par an, alors qu'une seule peut être produite dans les systèmes conventionnels de culture sur sol, et finalement des rendements plus élevés. Il est presque certain, dans un monde où les ressources naturelles diminuent et où la population augmente rapidement, que ce domaine de la production agricole connaîtra une croissance massive.

Gericke avait prouvé que les plantes n'avaient pas besoin de sol, c'était les nutriments et l'humidité que le sol contenait ainsi qu'un support adéquat pour les plantes. Ces éléments pourraient être fournis tout aussi efficacement, et peut-être même plus efficacement, en ajoutant à l'eau les besoins exacts en nutriments, puis en cultivant la plante uniquement pour sa stabilité et son soutien dans un milieu inerte. Les éléments nutritifs continuent d'être lessivés des racines de la plante dans le sol, ce qui oblige la plante à étirer continuellement son système racinaire pour les atteindre. Les éléments nutritifs peuvent être remplacés, mais dans un environnement où le lessivage ne peut être surveillé ou évalué avec précision, il est difficile d'estimer les besoins exacts d'une plante. Cela crée un inconvénient supplémentaire dans la mesure où la plante doit gaspiller une énergie précieuse dans la production de racines qui pourrait être détournée vers les cultures. Le système racinaire produit des nutriments tout en se développant dans le sol, qui sert d'ancrage et d'abri à la plante. À condition que la plante reçoive beaucoup de nutriments, le système racinaire peut être considérablement réduit et la fonction d'ancrage dans tout matériau non lixiviable peut avoir lieu. De nombreux systèmes hydroponiques éliminent complètement le milieu de plantation et suspendent la vigne, alimentant les racines traînantes à travers une nébuleuse. Cette approche est efficace à la perfection.

Les structures initiales de Gericke se sont rapidement révélées trop avancées pour la plupart des futurs agriculteurs hydroponiques. L'un des principaux problèmes était de maintenir un apport constant d'oxygène dans la solution aux nutriments. Les méthodes qu'il a développées ont cependant suscité des inquiétudes et, depuis lors, des progrès constants ont rendu l'hydroponie de plus en plus élémentaire. Aujourd'hui, on trouve sur toute la planète d'énormes serres agricoles générant des rendements très élevés. Il y a maintenant plus de 1.000. 000 unités domestiques sans sol aux États-Unis. Quelques chiffres montrent la nécessité de mettre en place ce système : 3,7 millions d'acres de terre étaient exploités en 1950, pour une population d'un peu moins de 151 000 000 d'habitants. Aujourd'hui, cette population est passée à 204 000 000, et la superficie des terres cultivées est tombée à 3,2 millions d'acres. Avec de tels chiffres, il est clair que le besoin de cultures productives augmente et qu'il est possible qu'il y ait moins de sols disponibles pour les faire prospérer.

Les toits sont une région qui fait l'objet d'une attention et d'une utilisation constantes. Les vastes surfaces planes situées à l'intérieur des villes constituent un endroit idéal pour la culture. De plus, lorsque nous commençons à produire des cultures dans des environnements urbains, nous réduisons de manière significative le nombre de kilomètres que les cultures doivent parcourir pour arriver jusqu'à l'utilisateur final, avec des effets en retour, tant en termes d'émissions générées que de fraîcheur du produit final.

Néanmoins, l'hydroponie moderne peut être encore plus petite. De nos jours, il est facile pour un propriétaire d'installer son propre jardin hydroponique dans son jardin et il existe même des unités de cuisine et d'appartement plus petites. Dans ces situations, les principaux besoins en eau et en électricité sont déjà en place. C'est ce dont vous aurez besoin pour fabriquer votre propre machine à son niveau le plus basique.

Une chambre montante, ou un plateau. Celui-ci comprendra le milieu de croissance et les racines des plantes, et peut être n'importe quoi qui contient de l'eau et est assez grand pour les plantes que vous voulez faire pousser.

Une citerne. Elle comprendra le réseau d'eau et de nutriments qui sera ensuite injecté en mouvement cyclique dans la chambre d'expansion. Là encore, elle peut être fabriquée à partir d'à peu près n'importe quoi, du moment qu'elle contient suffisamment de matière. Cependant, elle doit être étanche à la lumière pour empêcher la croissance des algues et des micro-organismes.

Une pompe submersible. Elle n'a pas besoin d'être coûteuse et pompe l'eau dans les deux sens entre le réservoir et la chambre de culture. Les pompes des étangs à poissons sont couramment utilisées.

Tout système de distribution. Il s'agit seulement d'une méthode pour déplacer la solution du réservoir au récipient. Le tuyau en PVC fonctionne très bien.

Vous disposez déjà d'un cadre simple mais fonctionnel sur lequel vous pouvez vous baser. Vous pouvez ajouter une minuterie qui vous facilitera la vie et ne coûtera pas grand-chose. Il vous permettra d'allumer et d'éteindre la pompe et de garantir que les racines des plantes restent humides à tout moment. Une pompe à air, même aussi basique que celle que l'on peut voir dans les petits étangs à poissons, peut aider à maintenir l'eau oxygénée, ce qui est nécessaire à la croissance des plantes, et permettra également une bonne distribution des nutriments. La pompe à air est normalement située à l'intérieur du réservoir. N'oubliez pas que les racines doivent être maintenues dans l'obscurité pour donner le meilleur d'elles-mêmes. Il peut donc être nécessaire de les recouvrir d'une manière ou d'une autre, selon le milieu de culture que vous utilisez.

Les lumières montantes sont un autre ajout qui vous donnera un meilleur contrôle et augmentera la période optimale de croissance, mais dans les unités les plus basiques, elles ne sont pas nécessaires. Si vous optez pour des lumières montantes, vous devrez peut-être trouver une minuterie supplémentaire pour celles-ci.

Vous pouvez fabriquer ce système très simple à la maison ou l'acheter sous forme de kit préfabriqué. Il existe même des exemples de personnes qui ont fabriqué une machine en enfilant des bouteilles de soda en plastique sur la fenêtre d'un appartement, en les reliant à un tuyau en PVC et en faisant tourbillonner la solution nutritive avec de très bons résultats.

Ce que j'essaie de dire, c'est que ce système de transformation des plantes n'est plus réservé aux seules équipes spécialisées à grande échelle. Il ne sert pas à grand-chose de cultiver ses propres tomates si les coûts de démarrage sont tels que vous devez vingt dollars pour chaque tomate que vous produisez.

LES AVANTAGES DE L'HYDROPHONIE

L'hydroponie est une méthode de culture de plantes sans terre, utilisant uniquement de l'eau, une solution nutritive et une structure pour maintenir les plantes en place. Si divers aspects de la culture de l'eau sont pratiqués depuis plusieurs milliers d'années, la science de l'hydroponie n'a été mieux comprise qu'au cours des 100 dernières années.

Cela a permis aux producteurs domestiques et commerciaux de cultiver les plantes selon de nouvelles méthodes présentant des avantages et des inconvénients spécifiques.

Voici tout ce qui concerne les aspects positifs de la culture hydroponique qui ont certainement contribué à la croissance rapide de l'industrie de la culture hydroponique.

L'hydroponie s'inscrit dans le cadre d'un mouvement plus large visant à accroître la productivité et le rendement de l'agriculture et à réduire les coûts de production alimentaire. Juste derrière, l'hydroponie domestique s'est développée, avec un nombre croissant d'amateurs cultivant toutes sortes de plantes à domicile.

UNE MEILLEURE GESTION DE L'ESPACE

Les plantes cultivées en hydroponie ont besoin de 20 % d'eau en moins que les plantes cultivées dans le sol. Cela signifie que vous pouvez faire pousser plus de plantes dans une zone donnée, ou faire pousser des plantes dans de très petits espaces où les plantes en terre ne seraient pas réalisables.

Cela a des conséquences dramatiques pour l'industrie agricole, où de nombreuses plantes sont cultivées dans des serres intérieures coûteuses, où l'utilisation optimale de l'espace est essentielle pour obtenir un retour sur investissement décent.

La principale raison en est que les plantes hydroponiques nécessitent moins d'espace que les plantes cultivées dans le sol, et que les racines n'ont pas besoin de se disperser dans le sol pour chercher des nutriments et de l'eau. Selon le procédé hydroponique utilisé, l'eau et les nutriments sont acheminés directement vers les racines, par intermittence ou en continu. En conséquence, les racines sont plus compactes et peuvent se rapprocher les unes des autres. Comme il faut moins d'espace, les agriculteurs, avec moins de ressources, peuvent obtenir des rendements nettement supérieurs.

PAS BESOIN DE SOL

Pour l'hydroponie : L'idée de cultiver des produits sans terre était autrefois un concept étranger, mais c'est désormais une réalité pour la production domestique et commerciale.

La culture de plantes sans terre présente un certain nombre d'avantages.

La qualité du sol varie considérablement d'un endroit à l'autre et de nombreuses plantes ont de fortes préférences pour un type de sol particulier. Si vous ne disposez pas de ce type de sol, l'importation d'un sol approprié ou la modification de votre sol actuel peut s'avérer coûteuse et demander beaucoup de travail.

Il existe même divers endroits dans le monde qui n'ont pas accès à la surface, ou dont les terres sont limitées. L'un des premiers projets commerciaux de culture hydroponique dans la région du Pacifique s'est déroulé sur l'île Wake. Il s'agit d'un atoll rocheux dont le sol n'est pas propice à la croissance des plantes.

Cette île a été utilisée comme station de ravitaillement de la Pan American Airlines dans les années 1930. L'importation de produits frais aurait été d'un coût prohibitif, c'est pourquoi la culture hydroponique a été utilisée de manière efficace pour accroître les réserves nécessaires.

Certains pays disposant de peu de terres arables, notamment les zones désertiques ou montagneuses, ne seraient plus limités dans leur capacité d'expansion. Il s'agit d'un facteur de motivation pour un changement hydroponique, ce qui explique essentiellement pourquoi la culture future est envisagée. Dans ces zones, les possibilités de production sont considérablement accrues. Elles peuvent réduire la nécessité d'importer des produits frais, ainsi que la consommation d'eau, qui peut également être une préoccupation dans de nombreux pays.

L'HYDROPONIE ÉCONOMISE L'EAU

Les plantes hydroponiques se développent avec seulement 5 à 10 % de l'eau nécessaire à la croissance dans le sol. Cela présente un avantage énorme dans les régions où les ressources en eau sont rares, et constitue un avantage environnemental majeur de l'agriculture hydroponique.

L'hydroponie mise sur la recirculation du sol, où les plantes consomment ce dont elles ont besoin, en recueillant les écoulements et en les ajoutant au réseau. Les seules pertes d'eau sont les fuites et l'évaporation, mais si nécessaire, un système performant atténue ces deux phénomènes.

De nombreux systèmes hydroponiques font un bien meilleur usage des technologies pour réduire davantage la pollution de l'eau. En réalité, 95 % de l'eau que les plantes absorbent par leurs racines est absorbée par le sol.

Par conséquent, certains dispositifs hydroponiques industriels utilisent des condenseurs de vapeur d'eau pour récupérer cette eau et la renvoyer dans le système.

La demande alimentaire mondiale ne cesse de croître d'année en année et utilise plus d'eau que jamais. Nous mettons en danger l'écosystème de notre planète si nous n'utilisons pas une technologie telle que l'hydroponie pour permettre une agriculture plus durable.

CONTRÔLE DU CLIMAT

Les écosystèmes hydroponiques permettent un contrôle total du climat. La température, l'intensité et la durée de la lumière et même la qualité de l'air peuvent être modifiées, tout cela en fonction de ce qui est nécessaire pour une production optimale. Ils offrent un débouché à l'exportation quelle que soit la saison, de sorte que les producteurs peuvent augmenter leur productivité tout au long de l'année et que les clients peuvent acheter les produits comme ils le souhaitent.

LES PLANTES POUSSENT PLUS VITE ET PLUS GROS AVEC L'HYDROPONIE

Ce qui est intéressant avec l'hydroponie, c'est l'efficacité de la croissance. On pourrait penser que l'hydroponie entraîne des rendements plus faibles, mais c'est le contraire. La croissance peut être plus rapide qu'avec la terre, grâce à la possibilité de contrôler la température, l'humidité, la lumière et les nutriments.

Des environnements idéaux sont créés pour garantir que les plantes obtiennent la bonne quantité de nutriments qui entrent en contact direct avec les racines. Les plantes n'ont donc pas besoin de gaspiller une énergie précieuse à rechercher des nutriments contaminés dans le sol. Elles doivent plutôt se concentrer sur la croissance et la production de fruits, ce qui se traduit par un meilleur taux de croissance et des plantes plus grandes.

PLUS DE CONTRÔLE SUR LE PH

Les niveaux de PH sont parfois ignorés par les agriculteurs, mais c'est un aspect crucial de la culture qui garantit que vos plantes peuvent obtenir des quantités suffisantes des nutriments dont elles ont besoin pour se développer sainement.

Contrairement à la culture des plantes en terre, la solution de culture contient entièrement les minéraux essentiels à la croissance. Le pH de cette solution peut être facilement ajusté et mesuré avec précision pour maintenir un pH idéal à tout moment.

Garantir un pH optimal augmente la capacité d'une plante à absorber les minéraux essentiels. Si les niveaux de PH changent trop, les plantes peuvent manquer de capacités d'absorption des nutriments. Bien que certaines plantes s'épanouissent dans des conditions de croissance légèrement acides, les niveaux de pH varient généralement entre 5,5 et 7. Les producteurs seraient prudents d'explorer les niveaux de PH optimaux pour la plante en question, et de comprendre comment la croissance hydroponique permet une régulation efficace.

Tous les parasites, fléaux ou champignons sont longs à éradiquer du sol et peuvent avoir un effet sur la croissance des plantes que vous cultivez. Ces problèmes ne se posent plus avec la culture hydroponique. Les rongeurs présents dans le sol ne posent pas non plus de problème.

La plupart des systèmes de culture hydroponique ne nécessitent pas de pesticides en raison de l'absence de sol, ce qui peut rendre la plante plus sûre pour la consommation humaine et éviter les complications que les pesticides peuvent créer pour le climat. Dans un environnement de culture hydroponique fermé, vous pouvez contrôler plus rapidement les variables locales.

L'HYDROPONIE DEMANDE MOINS DE TRAVAIL

Les coûts de construction d'un système hydroponique sont certes plus élevés, qu'il s'agisse d'un usage domestique ou industriel, mais la main-d'œuvre nécessaire à la production des plantes est considérablement réduite. Cela libère du temps pour se concentrer sur d'autres tâches, au lieu de labourer, biner, labourer, etc. Les coûts de fonctionnement peuvent également être réduits au fil du temps, bien que cela varie selon le système en question.

LE CLIMAT N'EST PAS UNE PRÉOCCUPATION

Que vous utilisiez un petit dispositif hydroponique pour faire pousser quelques tomates sur le rebord de votre fenêtre, ou que vous exploitiez un dispositif hydroponique commercial à grande distance, vous éradiquerez une cause majeure d'instabilité de la croissance des plantes. Étant donné que la plupart des plantes hydroponiques sont cultivées à l'intérieur ou dans des serres et que toute l'eau et les nutriments nécessaires sont fournis manuellement, vous éliminez la confusion qui accompagne les conditions météorologiques imprévisibles.

Même le soleil ne doit pas être un problème, car l'éclairage artificiel de croissance remplacera ou complétera la lumière du soleil. L'utilisation de lumières artificielles de croissance peut vous permettre de faire pousser des plantes tout au long de l'année. En fait, j'utilise des lumières de croissance LED pour m'aider à faire pousser des tomates et des salades tout au long de l'année. La salade fraîche est difficile à battre quand on en a besoin.

L'HYDROPONIE EST UN PASSE-TEMPS MERVEILLEUX

Il y a quelques années, j'ai commencé à m'intéresser à l'hydroponie comme passe-temps et j'adore ça. Avec l'hydroponie, vous pouvez commencer à faire pousser des plantes pour un coût initial très faible. Vous pouvez utiliser de nombreuses solutions bricolées et préfabriquées et c'est vraiment modulable.

Vous pouvez continuer votre rebord de fenêtre en ne faisant pousser qu'une ou deux plantes. C'est ainsi que j'ai commencé et j'ai beaucoup appris sur ce dont les plantes ont besoin pour pousser et prospérer. À partir de là, vous pouvez augmenter les choses et il n'y a vraiment aucune limite à ce que vous pouvez faire avec ce hobby.

Bien que j'aime aussi les jardins extérieurs, j'aime avoir de la verdure dans ma maison et cultiver des légumes et des salades tout au long de l'année est tellement gratifiant que je peux m'en servir pour nourrir ma famille.

CHAPITRE 2
Les différents systèmes hydroponiques

Bien qu'il existe en fait une grande variété de systèmes hydroponiques, ils sont limités à six types différents. Le système de goutte à goutte, le système de flux et reflux, le N.F.T., le système de science de l'eau, l'aéroponie et le système à mèche. Ces dispositifs peuvent tous être adaptés à l'atmosphère et au budget de l'utilisateur individuel, ainsi qu'à l'espace dont il dispose. Si vous choisissez un programme adapté à vos besoins, vous devez tenir compte de ces éléments ainsi que de la taille et de la forme de la plante que vous allez cultiver. Notez que, de temps en temps, les appareils devront être lavés très soigneusement afin de pouvoir les démonter et les nettoyer rapidement.

LE SYSTÈME DE GOUTTE À GOUTTE

C'est l'un des systèmes les plus courants, tant pour le jardinier amateur que pour le créateur d'entreprise. L'une des principales raisons pour lesquelles il est si courant est qu'il favorise la croissance de grandes plantes. Chaque plante est essentiellement mise en pot dans un milieu de culture dans un seul pot. Une ligne de goutte à goutte est ensuite appliquée à chaque pot depuis le réservoir, et lorsque la pompe est mise en marche, une solution nutritive s'égoutte dans les pots jusqu'à ce que le milieu soit trempé.

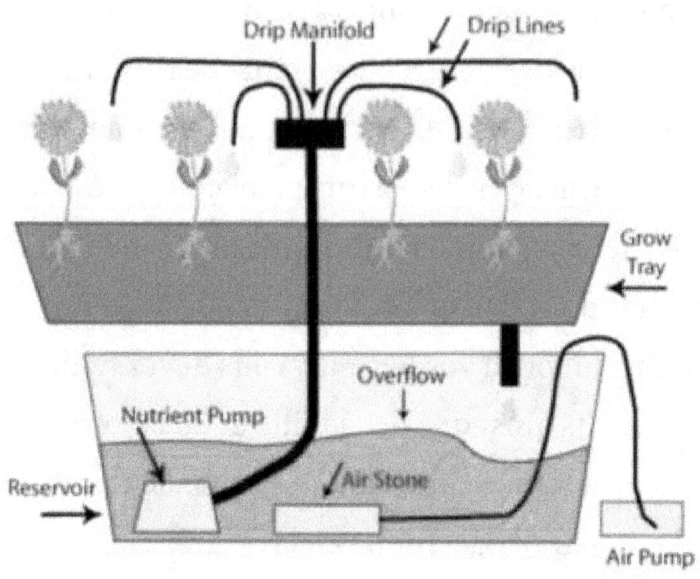

L'excès de solution s'écoule ensuite à travers le pot, où il est recueilli par gravité dans un plateau qui le renvoie dans le réservoir. Juste avant que le milieu ne s'assèche, le minuteur est réglé pour remettre la pompe en marche, de sorte que les racines restent constamment humides.

Ces systèmes ont tendance à circuler dans les unités domestiques, mais certaines unités d'échange sont non circulantes. Ce qui se passe dans ces grandes opérations, c'est qu'il n'est pas détecté quand l'eau s'écoule à travers le milieu de culture. Cela peut sembler inefficace mais cela dépend du fait que la minuterie est si précise qu'elle donne au milieu de culture suffisamment de solution pour le mouiller parfaitement avec très peu de déchets lorsqu'elle est réglée correctement. Il applique ensuite de l'eau supplémentaire juste avant que le produit ne s'assèche.

Le cultivateur industriel a doublé ses bénéfices. Premièrement, il n'est pas censé disposer d'une énorme surface de plateaux de captage ramenant la solution vers le réservoir et, deuxièmement, chaque fois qu'il remplit le réservoir, il ajoute la quantité exacte de nutriments correspondant aux besoins des plantes. Les nutriments d'un système diminuent au fur et à mesure qu'ils sont consommés par la plante. Un système de circulation doit donc être testé périodiquement pour déterminer les niveaux de nutriments.

Le réservoir doit être mis à jour régulièrement dans un environnement sans circulation, mais dans les projets à grande échelle, il y a généralement du personnel en place pour y veiller.

SYSTÈME DE FLUX ET REFLUX

C'est une solution qui s'adapte à la petite échelle de l'utilisateur domestique, que ce soit dans la maison ou dans le jardin, car elle est facile à construire et peut être conçue pour s'adapter à tout espace disponible. Les plantes sont mises en pot dans un milieu de culture et placées dans un plateau assez profond. À une profondeur d'un ou deux pouces sous la surface du milieu ascendant, une conduite de trop-plein est fixée au plateau et l'eau est ensuite pompée dans le plateau à partir du réservoir.

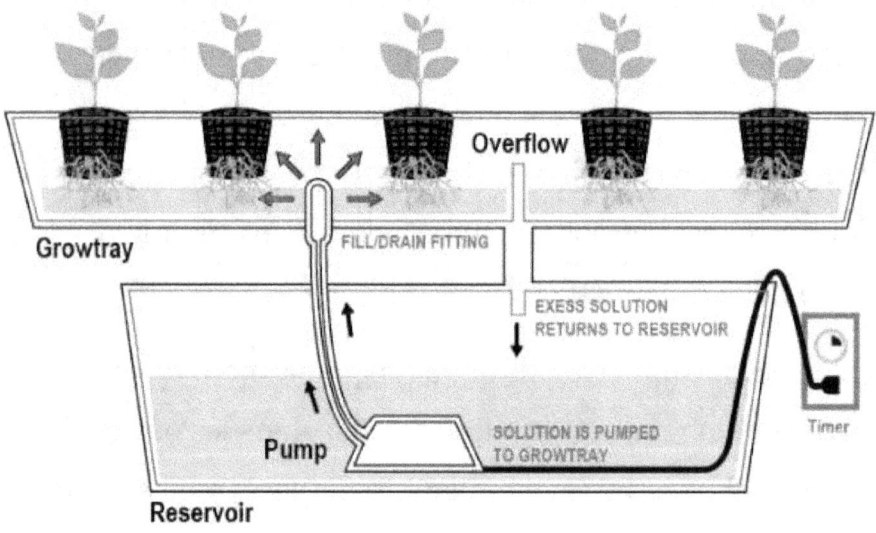

Lorsque le niveau d'eau atteint l'excès, il retourne simplement au réservoir. Lorsqu'une vanne à flotteur s'ouvre, le moteur s'arrête. Lorsque le réservoir se remplit à nouveau, la même vanne remet l'eau en marche. De cette façon, les racines de la plante sont continuellement plongées dans l'eau et en ressortent. C'est un appareil qui peut être construit à très petite échelle et ce procédé est utilisé par de nombreux appareils préfabriqués. En construisant votre propre réseau, assurez-vous que le tuyau de débordement est suffisamment grand pour transporter l'eau plus rapidement qu'elle ne peut l'atteindre via la pompe.

TECHNIQUE DU FILM NUTRITIF

Dans cette méthode, les plantes sont cultivées dans un milieu mat comme la laine de roche et placées dans un plateau avec un film fin à sa base. Une pompe fait passer les nutriments à travers le film et celui-ci imbibe le film, laissant les racines continuellement humides. L'excès d'eau s'écoule simplement par gravité vers le réservoir. En général, les plantes sont plantées à travers une sorte de substrat pour empêcher la lumière de pénétrer dans les racines, car il n'y a pas de surface de croissance pour les protéger.

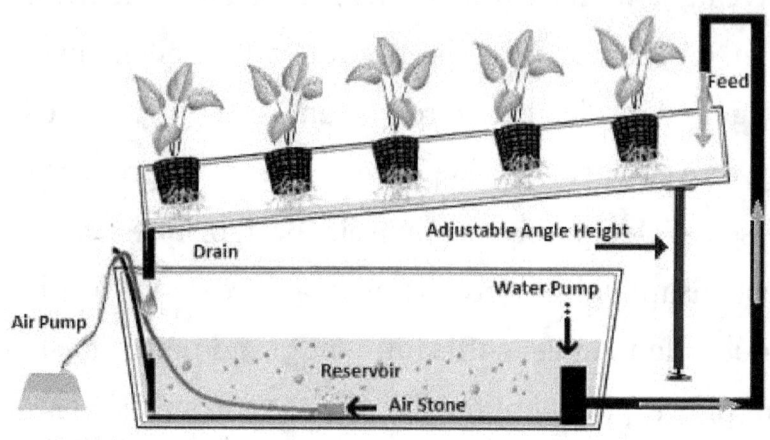

La machine peut être très petite, mais les longs canaux sont chargés de film lorsqu'ils sont utilisés dans des opérations à grande échelle et le même système est simplement mis en place à un niveau plus élevé. En raison de la faible profondeur de ce système, il convient mieux aux petites cultures à croissance rapide, comme la laitue et certaines sortes d'herbes. La méthode est très efficace, mais avec de petites plantes à croissance rapide de ce type, il y a un risque qu'elles meurent rapidement en cas de dessèchement des racines. Il y a donc peu de temps pour réagir en cas de dysfonctionnement du système ou de panne électrique.

SYSTÈME DE CULTURE DE L'EAU

Dans ce système, la racine est continuellement maintenue humide par l'éclaboussement très délicat de minuscules gouttelettes de mélange nutritif. Bien que leurs racines pendent dans le bassin, les plantes sont en suspension. Au lieu d'une pompe à eau, une pompe à air est montée dans le réservoir et l'eau est aérée à un niveau qui donne l'impression que l'eau bouillonne légèrement.

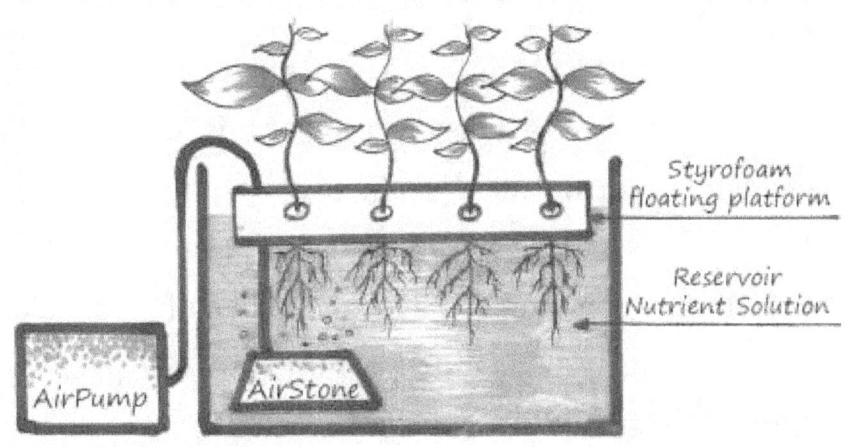

Comme le sommet des racines se trouve juste au-dessus de la surface du mélange nutritif, l'action bouillonnante de la pompe peut permettre aux gouttelettes d'atteindre les racines. Cette méthode peut être aussi simple qu'un grand seau en plastique dont le couvercle est percé d'un ou plusieurs trous pour suspendre les racines. Ensuite, la pompe à air est montée dans le fond du seau, et le couvercle est remis en place. (Vous devrez peut-être tailler une rainure dans la pompe pour le plomb).

La partie la plus difficile de l'opération consiste à ajuster la profondeur de l'eau pour qu'elle éclabousse correctement les racines. Ne paniquez pas si les racines inférieures entrent dans la solution, tant qu'il y a encore beaucoup de racines exposées à l'air. Assurez-vous que le couvercle est fait d'un matériau qui retient les racines dans l'obscurité.

Cette approche garantit qu'une combinaison suffisamment bien oxygénée pénètre dans les racines mais inclut également le contrôle de la profondeur de la solution. Des systèmes de réseaux de culture d'eau plus avancés sont utilisés dans le commerce, mais il ne s'agit en fait que d'une amélioration du système utilisé par les Aztèques que j'ai décrit au début de ce livre.

AÉROPONIQUE

Une autre modification du système hydroponique s'appelle l'aéroponie, mais comme vous le verrez, ses principales caractéristiques varient très peu des autres méthodes que vous avez vues. Les plantes sont à nouveau protégées au-dessus de l'eau, mais cette fois-ci, le solvant est pulvérisé sur les racines.

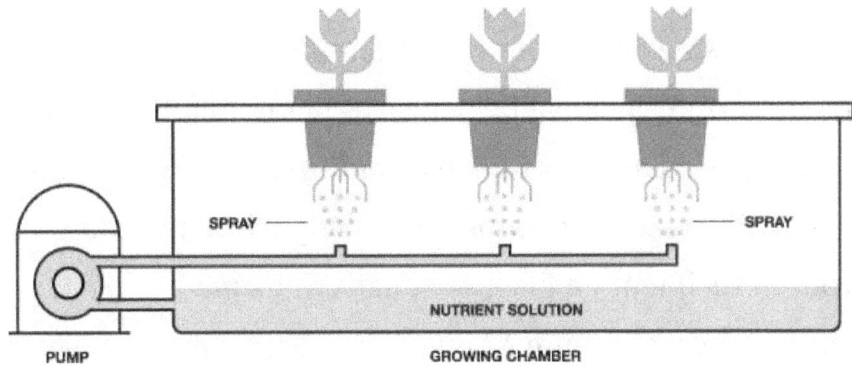

Aucun milieu de culture n'est nécessaire comme avec la NFT. Pensez à ces pulvérisations fines et fines que vous avez sur un système d'irrigation ordinaire pour votre serre. La solution nutritive est pompée depuis le réservoir et passe par les pulvérisateurs au lieu d'aller directement sur les parcours qui mouillent les racines avec un fin brouillard d'eau. L'excès d'eau peut ensuite être recueilli dans des plateaux et renvoyé à la rivière, bien que l'atomiseur dilate encore plus l'eau, ce qui rend plus difficile la récupération de la solution nutritive. De nombreux systèmes industriels n'essaient pas de récupérer l'humidité mais visent plutôt à contrôler le système de distribution de manière à minimiser les déchets.

LE SYSTÈME À MÈCHE

Ce mécanisme est de loin le plus simple de tous ceux qui ont été abordés jusqu'à présent. Les plantes cultivées sont mises en pot dans leur milieu de culture, puis placées au-dessus d'un réservoir de mélange d'engrais. Vous pourriez avoir un récipient en plastique, dans sa forme la plus simple, avec une plante à l'intérieur placée sur un seau à nutriments.

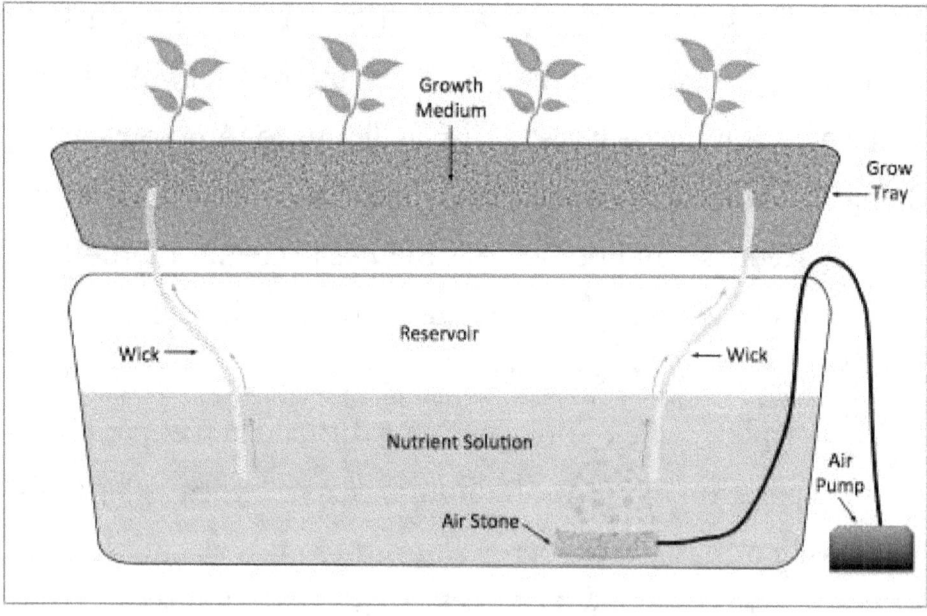

Une couche de mèche est ensuite placée entre le milieu de culture et le mélange de nutriments. Il peut s'agir de n'importe quelle substance qui retient l'humidité, comme une corde de chanvre, des bandes de moquette ou des bandes de sacs de toile de jute torsadés. Il n'y a pas de pièces mobiles, les coûts de matériel sont limités, voire inexistants, et il faut très peu d'expertise pour assembler le tout.

Cependant, cette approche présente de multiples problèmes. Tout d'abord, seules les petites plantes doivent être cultivées car la mèche ne pourra pas transporter suffisamment d'eau pour répondre aux besoins d'une plante plus grande, même si vous en utilisez plusieurs. De plus, la mèche ne distribuera pas uniformément les nutriments et accumulera ceux laissés dans le réservoir pour créer un dépôt qui pourrait devenir toxique pour la plante.

Troisièmement, l'oxygénation ne se produit pas dans la rivière. Cela suggère qu'un débutant pourrait l'utiliser pour faire pousser quelques petites plantes en guise d'introduction à d'autres systèmes hydroponiques. Il est également souvent utilisé comme moyen pour les instructeurs d'expliquer le mouvement capillaire, car c'est ce qui se passe ici. Beaucoup peuvent utiliser un tube en forme de L pour transporter l'eau jusqu'aux racines d'une plante. Lorsque l'eau est versée dans le tuyau, l'action capillaire dans le milieu de culture l'amène vers le haut, mais au sens propre, ce n'est pas vraiment un système hydroponique.

Il existe un autre système appelé aquaponie, souvent confondu avec l'hydroponie, qui présente également de nombreux parallèles mais qui n'est pas considéré comme une véritable hydroponie. L'aquaponie prétend que les déchets produits par les poissons sont utilisés pour nourrir les plantes selon une méthode assez proche de celle de l'hydroponie. L'application de nutriments en quantités régulées est si importante pour la théorie de l'hydroponie qu'il est préférable de considérer les deux sujets séparément.

CHAPITRE 3
Différents milieux de culture

Il existe de nombreux supports de culture différents que les jardiniers et les horticulteurs prennent l'habitude d'adapter à leurs propres besoins. Nous allons donc examiner ici certains des supports les plus populaires et aborder leurs avantages et inconvénients. Dans tous les cas, vous recherchez un produit sans terre légère qui ne contient pas de nutriments ou de contaminants susceptibles de nuire à la plante de quelque manière que ce soit ou d'interagir avec le mélange de nutriments que vous avez. Il doit également être suffisamment poreux pour permettre un transport rapide de l'oxygène et des nutriments vers les racines.

Nous utilisons ces journaux de plantation inertes pour deux raisons principales. Nous réduisons la quantité de lumière qui atteint la motte de racines et ils offrent une protection aux plantes pour qu'elles puissent se développer.

Les trois principaux tissus que vous êtes susceptibles de rencontrer sont généralement le cocotier, la perlite et le LECA.

COCONUT COIR

Le cocotier est un sous-produit de la production de noix de coco. Il est composé du revêtement extérieur robuste qui recouvre la coque de la noix de coco, et n'était guère utilisé que pour le rembourrage de matelas bon marché avant d'être découvert comme produit utile pour l'industrie horticole. La reconnaissance du fait que l'exploitation de la tourbe causait des problèmes environnementaux majeurs a fait que, dans de nombreux cas, les agriculteurs soucieux de l'atmosphère ont dû chercher de nouveaux produits pour remplacer la tourbe comme milieu de culture et le cocotier a fait l'affaire. Il est vendu en blocs et peut également être appelé tourbe de palmier ou simplement coir.

Lorsqu'ils sont mélangés à de l'eau, les blocs gonflent jusqu'à six à huit fois leur taille compacte. Si vous en commandez, ne soyez pas trop déçu lorsqu'ils arrivent et semblent un peu plus petits que ce que vous aviez espéré. Ils sont particulièrement efficaces pour retenir l'humidité et peuvent résister à leur propre poids jusqu'à huit fois. L'un des inconvénients de ce milieu est qu'il a une propension à être essuyé en raison de sa finesse, et n'est donc pas idéal pour les processus de flux et reflux lorsqu'il est associé à l'un des autres composants. Après chaque culture, le milieu de culture peut être lavé et réutilisé. Le mélange est rincé dans de l'eau de Javel diluée, puis rincé et laissé sécher à nouveau. Ce système ne peut être utilisé que trois ou quatre fois pour le coir avant qu'il ne commence à se dégrader.

PERLITE

C'est une autre substance qui existe depuis de nombreuses années sur le marché de l'horticulture. Elle est produite en chauffant des flocons de silice qui se dilatent en très petites pièces légères. Elles ont une forte capacité de conservation de l'humidité et sont chimiquement neutres. Elles sont préférées par les mélangeurs de pots car elles améliorent la capacité de conservation de l'humidité sans augmenter le poids. Lorsqu'elles sont lavées à l'eau de Javel, elles peuvent être utilisées plusieurs fois comme outil de plantation hydroponique. Son poids léger rend le système de flux et reflux difficile à utiliser, lorsqu'il est associé à un produit comme le LECA. Il possède un fort mouvement de mèche, ce qui en fait l'une des options choisies pour les systèmes de mèche.

LECA

LECA est l'abréviation de light expanded clay aggregate (agrégat d'argile expansé léger) et est formé en chauffant doucement des particules d'argile jusqu'à ce qu'elles s'étalent entre six et dix-huit millimètres de diamètre à partir de n'importe quoi. Il s'agit d'une substance légère à drainage libre très répandue dans l'industrie des plantes d'intérieur et que vous avez peut-être déjà vue utilisée dans des centres commerciaux ou des bureaux comme paillis sur des plantes en pot. Il retient assez bien l'humidité mais, à cet égard, il n'est pas à la hauteur d'un produit comme le coco et, lorsqu'une forte rétention d'eau est nécessaire, les deux produits sont souvent mélangés à raison de 50/50. Le coir retient alors l'humidité tandis que le LECA sert de stabilisateur pour empêcher le coir d'être lessivé. De cette manière, vous pouvez obtenir le meilleur usage possible de tous les éléments. Vous pouvez choisir de jouer avec les ratios qui vous conviennent le mieux.

Ce sont trois des produits que vous êtes le plus susceptible de rencontrer mais il y en a beaucoup d'autres qui conviendront bien et vous pouvez changer pour le prix ou la qualité de l'un des produits ci-dessous.

VERMICULITE

Ce produit, qui ressemble à du mica et présente de nombreuses similitudes avec la perlite, est extrait en Afrique du Sud, en Inde, au Brésil et au Zimbabwe. Une fois extraite, la substance est étalée par chauffage dans un four. Elle est très légère et retient l'eau. Comme la perlite, elle est souvent utilisée pour retenir l'humidité en raison de son Ph neutre et de sa légèreté lorsqu'elle est mélangée à des composts d'empotage. Elle doit être utilisée sous sa forme pure dans l'environnement hydroponique, et non mélangée à du compost ou à de la terre. Il ne se décompose pas, et s'il est correctement nettoyé, il peut être réutilisé.

COMPOST SANS TERRE À BASE DE TOURBE

La tourbe est folle pour la mousse séchée et les produits végétaux qui ont été piégés dans la terre pendant des centaines, voire des milliers d'années. Elle a longtemps été l'épine dorsale de l'industrie des pépinières, mais son utilisation intensive a entraîné une détérioration d'une grande partie de la flore et de la faune locales dans les habitats environnants où elle est exploitée et des demandes croissantes pour que sa production soit interdite en faveur d'articles plus naturels comme le coco. Cela dit, il s'agit d'un milieu de culture incroyablement flexible et si vous choisissez de l'utiliser, assurez-vous de l'obtenir auprès d'une source qui le traite de manière durable.

Il possède des propriétés exceptionnelles de rétention de l'humidité et est très léger. Les fournisseurs l'associent également à des biofongicides, qui sont des agents antifongiques d'origine naturelle, ou à des mycorhizes naturelles stimulant les racines.

LAINE DE ROCHE

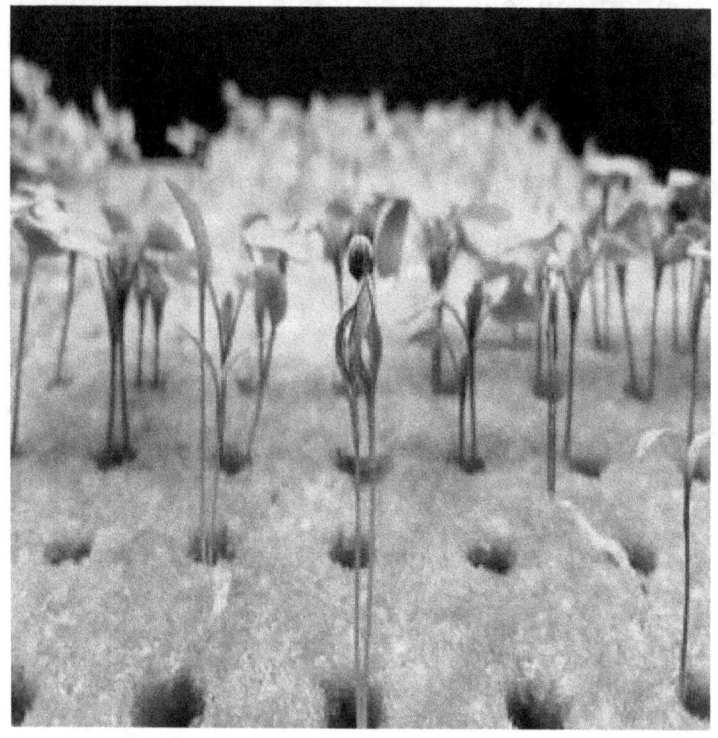

La laine de roche est un milieu de culture flexible qui convient à la fois aux systèmes de flux et reflux et aux systèmes de goutte-à-goutte constants. Elle retient bien l'eau et sa nature poreuse permet la libre circulation de l'air. Elle est fabriquée à partir d'un type de roche qui est fondue puis filée pour créer un matériau semblable à de la mousse. Lorsque vous choisissez ce contenu pour votre milieu de culture, deux considérations doivent être prises en compte. Tout d'abord, il doit être trempé toute la nuit pour garantir la stabilité du Ph. Ensuite, il ne se décompose pas et son élimination peut poser problème.

OASIS CUBES

Cette mousse légère est utilisée depuis des décennies par l'industrie des fleuristes et convient aux petits producteurs hydroponiques. Elle peut supporter son propre poids dans l'eau jusqu'à quarante secondes, tout en restant respirante. Elle convient aux graines de départ ainsi qu'aux boutures, ce qui en fait un bon outil pour la méthode de la mèche de base. Ces propriétés peuvent être utilisées dans n'importe lequel des six principaux systèmes de culture et le Ph est neutre.

OPTIONS SUPPLÉMENTAIRES

Tant que le milieu de culture ne contient pas d'éléments nutritifs et qu'il peut être drainé sans danger, il existe de nombreux articles qui ne sont pas liés à l'industrie horticole et qui fonctionnent bien dans le monde hydroponique. Ces cacahuètes d'emballage légères que vous aviez dans le garage sans utilisation particulière en sont un exemple. Au début de la culture hydroponique, le sable de Builder était couramment utilisé. Pour éliminer les contaminants, il doit être rincé et son potentiel de rétention d'eau est faible, mais il est efficace. Soyez cependant vigilant, car lorsqu'il a été trempé plusieurs fois, il commence à se tasser et le drainage peut alors se détériorer.

Le gravier est un autre matériau bon marché et facile à trouver. Il ne permet pas de retenir l'eau mais ces deux qualités peuvent parfois s'avérer intéressantes. La sciure de bois est souvent utilisée dans la culture de tomates à grande échelle en Australie, car elle préserve l'humidité et est souvent naturelle. Si vous voulez jouer avec ce matériau, assurez-vous qu'il n'a pas été souillé par des produits chimiques lorsqu'il était encore dans la scierie. Ils pourraient être nocifs pour votre culture. Cela semble se décomposer mais est rapidement remplacé car c'est généralement gratuit.

Les coques de riz sont des sous-produits de la culture du riz. Comme elles se décomposent, elles ont autant de succès que la perlite, elles auront donc une durée de vie limitée. Ce n'est pas forcément un problème car elles sont généralement bon marché ou gratuites. Il faut les remplacer quotidiennement car il y a toujours une accumulation de sels nuisibles à la croissance des plantes.

CHAPITRE 4
Solutions pour les nutriments

L'hydroponie consiste à apporter les bons nutriments à la base des racines de vos plantes. La théorie qui sous-tend la nutrition des plantes est assez complexe et peut sembler intimidante au début, mais il n'est pas nécessaire de devenir un spécialiste des plantes pour comprendre ce que vous devez apprendre pour devenir un bon cultivateur. Néanmoins, il vous sera utile de connaître certains faits pour avoir une idée de ce qui se passe et de la nature de tous ces ingrédients.

Une plante a besoin de nombreux éléments nutritifs différents pour prospérer et elle mourra rapidement sans eux. Les trois principaux nutriments sont appelés macro-nutriments, même si les besoins en divers autres nutriments sont bien moindres.

Les trois macro-nutriments sont : L'azote (N) : utilisé dans la production de chlorophylle et d'acides aminés.

Phosphate (P) : utilisé dans la transformation du sucre, de l'huile, des fleurs et des fruits.

Potassium (K) : utilisé dans la production de sucre d'amidon, les racines et la rusticité générale.

Ces trois ingrédients sont toujours plus communément indiqués sur les bouteilles ou les paquets de nutriments et fournis en quantités relatives à leur volume et si vous deviez voir 15:9:12, vous sauriez que leurs quantités sont de quinze pour cent d'azote, neuf pour cent de phosphate et douze pour cent de potassium. Cela représente trente-six pour cent du mélange, le reste étant consacré à l'eau et aux oligo-éléments. Il convient de rappeler que le NPK donne également les trois chiffres dans le même ordre, bien que le pourcentage de chacun d'eux diffère en fonction de leur utilisation prévue.

En hydroponie, les nutriments les plus répandus se présentent sous forme de poudre ou de liquide condensé que l'on dilue ensuite selon les instructions du fabricant. D'après mon expérience, la méthode liquide est de loin la plus réaliste et la plus pratique à utiliser, et celle de nombreux autres cultivateurs.

Comme je l'ai mentionné plus haut, le réservoir doit être un réservoir qui n'a pas besoin de lumière pour réduire la possibilité de formation de moisissures et d'algues. Ce réservoir doit être au moins de la même taille que les pots ou le plateau qu'il alimente, voire plus grand. Ne combinez pas les nutriments dans le réservoir mais remplacez-les par de l'eau lors du prémélange.

Le niveau de pH de votre eau est très important, car s'il est trop élevé ou trop bas, il peut avoir un effet néfaste sur l'absorption des nutriments. Idéalement, le pH doit se situer entre 5,5 et 7,0. Une trop grande quantité de chlore peut également avoir des effets néfastes, il est donc nécessaire de s'en occuper également. Lorsque vous restez vingt-quatre heures dans l'eau d'un réservoir, le chlore se décompose. Vous pouvez également acheter de l'eau distillée, ce qui me semble être une perte de temps, ou vous pouvez recueillir de l'eau de pluie qui sera exempte de chlore et me semble la solution la plus appropriée au problème du chlore. Ne soyez pas trop perturbé par les quantités de chlore car elles ne tuent pas les plantes et l'eau qui a attendu vingt-quatre heures semble être parfaite.

Le pH est le plus souvent influencé par la quantité de calcium qui y est présente. Un excès de calcium contribue à une eau dure et à un pH élevé. Il faudra le mesurer à l'aide d'un testeur de pH et s'il se situe en dehors de la fourchette donnée, vous pourrez appliquer quelques gouttes d'un produit chimique pour l'augmenter ou un autre pour le diminuer en fonction de la lecture que vous recevrez. La plupart des fabricants de produits hydroponiques proposent un paquet en deux parties pour augmenter et diminuer le pH. Il suffit de diluer quelques gouttes de l'un ou l'autre pour augmenter ou diminuer le pH au niveau requis. Faites ce mélange un peu à la fois, puis laissez l'eau se stabiliser avant de réessayer. Il est bon d'avoir une idée générale du pH de votre eau avant de commencer, mais la plupart des vérifications du pH doivent être effectuées après l'application des différents nutriments, car ils modifient réellement les valeurs du pH. L'outil de mesure sans fil est assez bon marché et simple à utiliser, un peu comme un thermomètre.

Avoir un deuxième réservoir est une façon de vous faciliter la vie. L'un sera utilisé et l'autre sera simplement rempli d'eau. Cela permet de s'assurer que l'eau est à la même température, afin que les plantes n'aient pas à faire face à un changement radical de température, et garantit également l'absence de chlore lorsque vous utilisez l'eau du robinet. Essayez d'utiliser de l'eau tiède à environ 18°C en permanence, mais n'en faites pas un problème majeur, car vous aurez suffisamment de choses à faire pour l'instant.

Il est temps de commencer à combiner les nutriments une fois que le pH de l'eau est plus ou moins équilibré. Ils se présentent normalement en trois sections qui sont combinées pour les plantes que vous cultivez selon les instructions du fabricant. Ils sont généralement accompagnés d'une carte pour une variété de plantes et d'une dose hebdomadaire basée sur la maturité des plantes. Au début, vous devrez observer cette carte de très près, mais à mesure que votre niveau d'expérience augmentera, vous commencerez sans doute à jouer avec vos propres recettes. Presque tous les jardiniers hydroponiques créent leurs propres recettes et commencent à ajouter un ensemble de produits supplémentaires qu'ils jurent tous être les meilleurs pour les plantes qu'ils ont l'intention de produire. Je vais aborder certains de ces ingrédients plus tard, mais nous allons nous en tenir pour l'instant à la combinaison des nutriments essentiels en trois parties.

Une fois que vous avez les trois bouteilles et que vous avez trouvé la bonne section de la carte qui fait référence à vos plantes et au point de développement où elles se trouvent, vous devrez les assembler. Ne vous contentez pas de les jeter toutes dans une casserole et de la ramasser. Elles vont réagir les unes avec les autres en forte concentration et produire un effet appelé blocage, qui inhibe leurs performances individuelles. Une autre solution consiste à mettre quelques litres d'eau dans un seau de la même taille que votre réservoir. L'eau doit être exempte de chlore et avoir un pH correct. Ce sera parfait, bien sûr, si vous avez le deuxième réservoir déjà rempli. Mettez la bonne quantité du premier ingrédient dans un bécher à peser et ajoutez-le ensuite dans l'eau. Lavez ensuite le bécher et attendez le deuxième nutriment pendant deux minutes avant de répéter le processus. Répétez finalement le processus avec le troisième nutriment. N'oubliez pas que pour éviter toute obstruction, il est nécessaire de laver le bécher de mesure entre les nutriments. Vous pouvez également acheter des seringues de mesure bon marché et en utiliser une différente pour chaque nutriment afin d'éviter le risque de les mélanger.

Une fois que j'ai mis tous mes nutriments dans le réservoir et après avoir ajouté les trois, j'attends une minute ou deux, puis je remue un peu le réservoir. Je dois tester à nouveau mon pH à ce stade pour m'assurer que les valeurs sont toujours comprises dans la fourchette convenue de 5,5 à 7,0. Le pH devrait augmenter légèrement au fil du temps, à mesure que la plante absorbe les nutriments. C'est pourquoi, si vous pouvez maintenir le pH juste un peu en dessous de zéro, il serait préférable de le maintenir autour de 6,0. Je vérifie ensuite ma combinaison à l'aide d'un appareil de mesure particulier appelé PPM ou EC et parfois TDC. En fait, ils font tous la même chose. Ils calculent le contenu nutritionnel des sels. PPM signifie parties par million, EC signifie conductivité électrique et TDS signifie sels totaux nécessaires. Ce petit outil simple d'utilisation sera souvent utilisé pendant la période de croissance car vous devrez suivre le mélange nutritif en permanence pour vous assurer que la plante reçoit tout ce qu'elle veut. La maîtrise des mélanges nutritifs est l'un des aspects les plus délicats du jardinage hydroponique. Je ne veux pas que cela paraisse si difficile, car vous pouvez normalement savoir tout ce dont vous avez besoin juste en regardant la carte du mélange. N'oubliez pas que chaque fabricant aura une recette différente, de sorte que chaque méthode sera légèrement différente.

Ce que vous allez faire avec la plante change à différents moments de son cycle de croissance, et c'est pourquoi la combinaison de nutriments doit changer. Pour démarrer, il faut beaucoup d'azote pour que les plantes fleurissent le plus vite possible. Plus tard, vous diminuerez l'azote mais augmenterez les phosphates pour améliorer l'enracinement et la fructification des fleurs et vous aurez besoin de petites quantités de micronutriments tout au long du processus que vous préparez. Dans les premiers jours, il y aura généralement un fort désir d'ajouter plus de nutriments en espérant que cela produira une croissance plus importante et plus rapide. En fait, pour la plante, trop d'éléments nutritifs peut être pire que trop peu d'éléments nutritifs, donc si vous devez suivre les conseils des fabricants, essayez toujours d'en mettre moins plutôt que plus.

Maintenant que vous avez obtenu le pH souhaité dans le réservoir et que les nutriments sont au niveau recommandé par le fournisseur, vous pouvez commencer à pomper. Certains systèmes nécessitent une circulation au moins deux fois par jour et si vous pouvez l'obtenir jusqu'à une fois toutes les deux heures sans que les plantes soient engorgées, ce sera encore mieux. Vous devez utiliser votre compteur tous les deux jours pour tester les nutriments. S'ils ont tendance à être faibles, vous pouvez ajouter un mélange d'appoint qui est essentiellement une version douce des mélanges que vous utilisez sans les micro-nutriments. L'explication est que les plantes utilisent beaucoup de macro-nutriments et seulement une très petite quantité de micro-nutriments. Lorsque vous appliquez plus de micro-nutriments, l'environnement s'accumule et devient toxique pour les plantes. Les systèmes extérieurs ne doivent pas être soumis à la chaleur, qui dilue la puissance du système.

Vous changerez complètement le mélange de nutriments après deux semaines. Vous pouvez jeter l'ancien mélange sur toutes les plantes que vous avez dans le jardin du sol. Lavez le réservoir à l'eau chaude ou à l'eau de Javel distillée avant de préparer le mélange suivant. Vous êtes alors prêt à commencer un nouveau réservoir, si vous disposez d'eau sans chlore. C'est aussi le bon moment pour vérifier le reste du système pour voir s'il fonctionne et s'il n'y a pas de trace d'algues. Si vous en utilisez, faites particulièrement attention aux yeux des brumisateurs, car ils sont rapidement obscurcis par l'accumulation de micronutriments.

Bien que j'aie recommandé d'inspecter votre dispositif, vous devriez vérifier vos plantes quotidiennement pour vous assurer qu'elles sont fortes et saines et qu'elles ne montrent aucun signe de stress. Encore une fois, elles vous feront savoir très facilement s'il y a un quelconque problème de système. Lorsque vous avez cueilli la récolte, c'est une bonne idée de démonter l'ensemble de l'appareil et d'envoyer un nettoyage complet à tout.

Récapitulons : Vous avez peut-être l'impression d'avoir été bombardé d'un peu trop d'informations, en particulier si l'hydroponie vous est inconnue. L'idée générale est de s'assurer que les racines de vos plantes reçoivent un solvant riche en nutriments et au pH presque neutre. Si vous vous concentrez sur ces objectifs, vous n'allez pas trop vous éloigner. Vous aurez besoin d'un EC-mètre pour les sels ou les nutriments et d'un pH-mètre pour cela. Vous pouvez acheter des appareils assez bon marché qui font tous les calculs pour vous, il n'est donc pas difficile de vérifier les taux. Vous devriez faire tester le mélange une fois par jour. Les petites unités continuent à fluctuer davantage que les grandes, et les cultivateurs à domicile doivent donc être aussi sensibles aux variations que les grands producteurs.

Si le pH est trop élevé ou trop bas, appliquez quelques gouttes du médicament approprié après l'avoir dilué. Il y a deux médicaments que vous pouvez utiliser pour cela et ils indiquent clairement qu'ils sont conçus pour augmenter ou diminuer le pH. Vous ne devez pas essayer de modifier le pH de plus de 0,5 dans un sens ou dans l'autre en une journée, car vous pourriez effrayer les plantes. Des changements plus importants sont impossibles, car vous avez commencé avec un niveau de pH correct.

Le compteur EC vous fournira une lecture de la conductivité de l'eau, en fonction de la quantité de sels qu'elle contient. Si elle est supérieure, vous pouvez diluer le mélange en ajoutant de l'eau et si elle est inférieure, vous pouvez la compléter en suivant les instructions du fabricant.

CHAPITRE 5
Plantes à cultiver

L'un des grands avantages de l'hydroponie est que vous pouvez cultiver une grande variété de plantes. Le choix est infini à bien des égards, mais vous devez tenir compte des contraintes que vous imposent l'échelle de votre unité et la pièce dans laquelle elle est située. Si vous êtes un gros producteur dans une serre, vous voudrez certainement vous concentrer sur une petite gamme de cultures qui se vendent rapidement. Si vous êtes un cultivateur à domicile vivant dans un appartement, il est peut-être préférable de vous concentrer sur les cultures dont vous avez le plus besoin.

Un bon point de départ pour le petit producteur est toujours la laitue, car il s'agit d'une salade consommée quotidiennement par quatre-vingt-dix pour cent des Occidentaux. C'est aussi un produit qui prend peu de place et qui, fraîchement récolté, a vraiment meilleur goût.

En outre, vous pouvez également cueillir suffisamment de feuilles pour une salade tout en permettant à la plante de continuer à pousser.

Les tomates sont la deuxième culture la plus populaire. S'il y a une culture qui a automatiquement meilleur goût que toutes les autres lorsqu'elle est récoltée et consommée, c'est bien la tomate.

Il existe des centaines de variétés, choisissez-en une que vous pensez pouvoir aimer et qui ne prend pas trop de place. Deux plantes avec des variétés différentes peuvent s'étendre si possible, poussant à des moments différents afin que vous puissiez récolter pendant une plus longue période. Si vous combinez la culture hydroponique avec des lampes de croissance et la culture en intérieur, vous pouvez avoir des tomates pratiquement toute l'année.

Les concombres sont une autre plante qui peut être très gratifiante. Nous optons pour une variété naine dans un environnement intérieur et disposons d'un cadre sur lequel ils peuvent grimper.

Non seulement les poivrons sont faciles à cultiver, mais ils font aussi des plantes remarquablement attrayantes, surtout s'il s'agit des variétés aux couleurs vives. Une autre variété que nous utilisons régulièrement dans nos foyers pour des économies immédiates.

Les épinards sont l'un des légumes les plus courants de la vigne, et sont riches en vitamines et en fer. Il existe aujourd'hui de nombreuses variantes, allant de celles à petites feuilles arrondies aux plantes plus typiques à feuilles plus longues. Nous pouvons tous faire récolter plusieurs feuilles, ce qui permet à la plante mère de s'étendre et de reproduire à nouveau de nouvelles feuilles.

Parmi les fruits, la fraise est l'un des meilleurs fruits pour le fabricant de systèmes hydroponiques, que ce soit dans un cadre privé ou industriel. Avec la saison de croissance considérablement élargie que vous aurez, il y a un fort potentiel pour de bons retours économiques.

Les baies bleues connaissent actuellement un énorme regain de popularité en raison de leur teneur élevée en antioxydants, dont les bienfaits pour la santé sont avérés. Lorsqu'elles poussent en plein champ, elles aiment un sol acide et comme il est très facile de contrôler l'acidité dans une unité de production hydroponique, cela en fait de bonnes candidates pour la production domestique et commerciale.

Lorsque vous calculez les proportions que vous obtenez lorsque vous les achetez dans un magasin, les herbes aromatiques peuvent être étonnamment chères ! Il est judicieux de cultiver les vôtres et même si vous ne souhaitez en cultiver que pour vous et vos enfants, vous constaterez peut-être que vous produisez plus que vous ne pouvez consommer. Vous avez de grandes chances de trouver des acheteurs parmi vos proches et vos voisins, si vous vous renseignez. Le basilic est utilisé comme alternative aux salades dans une variété de plats. Il est également riche en antioxydants. C'est une herbe très facile à cultiver, mais si l'on considère le prix au kilo, elle vous coûte une petite fortune dans les supermarchés.

L'autre herbe véritablement facile à cultiver est la coriandre. Avec ses nombreux avantages pour la santé et ses diverses applications culinaires, c'est une culture fiable qui peut être cultivée en quatre semaines et qui peut facilement produire deux et parfois trois récoltes par an.

CHAPITRE 6
Ravageurs et maladies

Quelle que soit la méthode de jardinage, une chose est sûre : à un moment ou à un autre, vous rencontrerez des problèmes de parasites et de maladies. Dans le cas de la culture hydroponique, le problème des insectes est considérablement réduit car votre culture ne pousse pas dans le sol où de nombreux parasites préfèrent pondre leurs œufs et hiberner. Malheureusement, cela ne signifie pas pour autant que vous serez totalement à l'abri de l'attention de ces vilaines créatures, car ces feuilles et ces fruits à l'aspect sain seront trop nombreux pour qu'elles les ignorent et trouvent d'autres moyens de se procurer un repas facile.

L'une des compétences les plus importantes que connaît tout jardinier est l'observation. Les punaises et les insectes ont développé différents mécanismes de défense, dont le plus important est le désir de se fondre dans leur environnement afin de passer inaperçus le plus longtemps possible.

La technique de réussite est une reproduction très rapide. Lorsqu'il s'agit de détecter les insectes, le jardinier doit presque développer un sixième sens. Une laitue d'apparence saine ne suscitera qu'un simple regard, mais l'œil exercé verra rapidement un ou deux petits pucerons se cacher sous les feuilles. Si l'on s'en occupe rapidement, le problème est évité, mais s'ils sont laissés à eux-mêmes, en quelques jours, ces quelques pucerons se multiplieront jusqu'à atteindre les proportions d'un fléau et vous risquez alors une récolte complète.

Prenez le temps de regarder attentivement vos plantes, retournez les feuilles et utilisez une loupe si nécessaire. Apprenez même à reconnaître quand une plante n'a pas l'air en bonne santé à cent pour cent et qu'elle présente même les plus petits signes de stress.

Voici quelques-uns des insectes les plus courants que vous pourrez rencontrer. La cochenille Un insecte de forme ovale qui suce la sève des nervures des feuilles.

Ils créent une substance collante appelée rosée de miel qui trahit souvent leur présence. On peut les traiter en badigeonnant une boule de coton avec de l'alcool à friction ou en traitant avec un nettoyant insecticide.

Les tétranyques Ces minuscules insectes sont presque invisibles à l'œil nu et s'épanouissent dans les conditions d'une serre. On ne s'en aperçoit souvent que lorsqu'on voit une fine toile entourer le dessous des feuilles et lorsqu'ils aspirent la chlorophylle, la base des feuilles commence à prendre une couleur tachetée. En cas d'infestation mineure, on peut les tuer facilement en vaporisant les feuilles avec une solution légèrement savonneuse.

Thrips De minuscules insectes ailés, un peu plus gros qu'une tête d'épingle, qui aiment aussi boire la sève. Les feuilles sont floues et de couleur terne. Le meilleur traitement consiste à verser de l'eau savonneuse.

Les pucerons Il existe différents types de pucerons, mais ils ont tous un point commun : ils peuvent se reproduire très facilement. On a calculé que si tous les descendants d'un seul puceron vivaient pendant un an, leur poids corporel combiné suffirait à envoyer la planète hors de son orbite. Heureusement, les pucerons sont des créatures très fragiles pour nous, et si vous les trouvez tôt, vous pouvez vous en occuper avant qu'ils ne s'envolent vers un autre monde. Ce sont des suceurs de sève, et ils ont tendance à préférer la partie supérieure des feuilles vertes. Un coup rapide de spray savonneux les détruit facilement.

Il s'agit d'une liste très courte de certains des ravageurs les plus populaires, mais ceux que j'ai identifiés sont bien plus nombreux et présentent de nombreuses variations. Ce que j'ai voulu souligner, c'est que si vous les repérez tôt, ils sont faciles à traiter. Comme la plupart des plantes que vous cultivez sont susceptibles d'être nutritives, vous devez déterminer si vous allez utiliser des pesticides ou des méthodes à base de plantes pour lutter contre vos parasites. La lutte biologique contre les parasites a tendance à être moins chère, et comme je ne veux pas être soumis à plus de produits chimiques toxiques que nécessaire, je préfère les choisir. Néanmoins, il existe sur le marché une vaste gamme de sprays et de traitements chimiques extrêmement efficaces pour tuer n'importe quel insecte. Il vous suffit d'aller dans une jardinerie et d'expliquer ce qui vous préoccupe pour qu'on vous donne une gamme d'armes avec lesquelles réagir.

Le répertoire est plus réduit en ce qui concerne les produits biologiques, mais voici quelques-unes des thérapies qui ont parfaitement fonctionné pour moi.

Les savons insecticides peuvent être pulvérisés à partir d'un flacon pulvérisateur ordinaire, et ils constituent mon arme préférée. Vous pouvez utiliser des produits ménagers courants, les acheter ou les fabriquer vous-même en utilisant n'importe quelle recette trouvée sur Internet.

L'huile de margousier est fabriquée à partir d'un arbre à feuilles persistantes originaire d'Inde et désormais couramment cultivé dans le monde entier. L'industrie du jardinage biologique et l'industrie cosmétique admirent toutes deux cette essence. Elle sera disponible en ligne ou dans la plupart des pépinières.

Thé à l'ortie. Il s'agit d'un aliment qui peut être fabriqué par tout jardinier ayant accès à des orties. Il suffit de faire tremper une grosse poignée d'orties pendant cinq minutes dans de l'eau légèrement frémissante, puis de verser le liquide brun verdâtre dans un flacon pulvérisateur. Il devient plus efficace au fur et à mesure qu'il vieillit et constitue un excellent moyen de dissuader les insectes, mais attention à l'odeur.

Sur le front de la maladie, la principale menace provient de l'humidité élevée et de la densité de plantation proche typique du système hydroponique. Cela rend les producteurs vulnérables aux moisissures et aux mildious, qui sont nombreux, en particulier les producteurs sous serre. L'astuce consiste à améliorer la circulation de l'air autant que possible et à réduire l'humidité aux niveaux acceptables les plus bas que les plantes peuvent supporter.

Si vous pratiquez une bonne hygiène de jardin, les rongeurs et la maladie seront réduits au minimum. Enlevez les plantes mortes et laissez-les immédiatement, puis jetez-les. Les machines destinées aux cultures et aux serres sont soigneusement nettoyées et désinfectées. Utiliser des dispositifs conçus pour le système hydroponique afin que les autres plantes de la serre n'absorbent pas involontairement les spores de la maladie. Si vous utilisez des lampes montantes, ne soyez pas tenté de partager la lumière avec d'autres plantes d'intérieur que vous pourriez avoir, car vous risquez de propager des problèmes.

CONCLUSION

La culture hydroponique peut sembler un peu intimidante au début, mais lorsque vous commencerez à travailler avec les différents systèmes et approches, vous vous rendrez compte que vous commencez à comprendre le sujet. Il s'agit encore d'une approche assez nouvelle dans la terminologie du jardinage et nous nous améliorons tous au fur et à mesure que le programme progresse. Il y a des approches vraiment bon marché et faciles à jouer, et une fois que vous avez vu à quel point l'hydroponie est vraiment simpliste et combien un meilleur rendement peut être accompli,

L'objectif est de décider si une plante saine sera produite en utilisant de l'eau et une solution nutritive plutôt que de la terre. Comme aucune molécule de substance inutile n'entrave les racines d'une plante, les nutriments peuvent être consommés plus rapidement, ce qui permet à la plante de pousser plus vite et plus fort. Grâce à l'utilisation d'engrais et d'eau en continu, les plantes hydroponiques sont devenues beaucoup plus grandes et ont produit des feuilles plus rapidement que les plantes de terre typiques.

Pour cette raison, l'hypothèse nulle est rejetée car les preuves n'aident pas la logique. L'utilisation quotidienne d'engrais tout au long de la journée a aidé les plantes à croître à un rythme contrôlé et régulier. L'hypothèse nulle suggérait que l'utilisation d'un système hydroponique n'aurait aucun impact sur la croissance et la santé des plantes. L'hypothèse nulle a été rejetée car elle n'était pas vraie et l'hypothèse alternative est acceptée.

Cette expérience s'aligne sur une autre expérience qui évaluait l'utilisation de différents types de sacs contre de la terre en hydroponie. Le résultat de cette expérience a été que les tomates cultivées dans des sacs hydroponiques ont donné plus de tomates et ont donc rapporté plus d'argent. Il est intéressant de noter que l'expérience menée dans le cadre de ce projet indiquait que l'utilisation d'un système hydroponique permettrait une croissance plus importante et plus savoureuse.

L'agriculture hydroponique peut être un moyen idéal de cultiver des aliments biologiques sains de manière économique. Commencez petit et grandissez avec le temps avant de prendre une décision, et voyez par vous-même. Cette machine est déjà utilisée pour cultiver de nombreux produits que nous achetons au supermarché et que nous consommons quotidiennement, et il n'y a aucune excuse pour ne pas utiliser une partie de ce développement pour votre propre maison et peut-être même chercher à étendre à de plus grandes choses à partir de là.

www.ingramcontent.com/pod-product-compliance
Lightning Source LLC
Chambersburg PA
CBHW071030080526
44587CB00015B/2558